Bibliografische Information der Deutschen Nationalbibliothek:

Die Deutsche Bibliothek verzeichnet diese Publikation in der Deutschen National-
bibliografie; detaillierte bibliografische Daten sind im Internet über http://dnb.d-
nb.de/ abrufbar.

Impressum:

Copyright © 2020 GRIN Verlag
Druck und Bindung: Books on Demand GmbH, Norderstedt Germany
ISBN: 9783346220950

Dieses Buch bei GRIN:

https://www.grin.com/document/903432

Marie-Claire Royda

Die Medienpräsenz von Pamela Reif

GRIN Verlag

GRIN - Your knowledge has value

Der GRIN Verlag publiziert seit 1998 wissenschaftliche Arbeiten von Studenten, Hochschullehrern und anderen Akademikern als eBook und gedrucktes Buch. Die Verlagswebsite www.grin.com ist die ideale Plattform zur Veröffentlichung von Hausarbeiten, Abschlussarbeiten, wissenschaftlichen Aufsätzen, Dissertationen und Fachbüchern.

Besuchen Sie uns im Internet:

http://www.grin.com/

http://www.facebook.com/grincom

http://www.twitter.com/grin_com

Seminararbeit

Verfasser/in: **Royda, Marie**

Thema: **Die Medienpräsenz von Pamela Reif**

Abgabedatum: 15.03.2020

Inhaltsverzeichnis

Abbildungsverzeichnis

1 Einleitung

Die vorliegende Arbeit handelt von der Medienpräsenz von Pamela Reif und bezieht sich hierbei auf drei vom Autor ausgewählte Medien. Dabei handelt es sich um ein digitales, ein audiovisuelles und ein Printmedium.

Pamela Reif zählt zu den erfolgreichsten Influencern in Deutschland.[1] Als Influencer gelten Personen, die zu einem gewissen Themenbereich aus eigenem Antrieb in hoher Frequenz Beiträge auf den sozialen Netzwerken veröffentlichen. Durch ihre Reichweitenstärke und die hohe Interaktionsrate stechen sie mit ihrem Einflussvermögen aus der Masse der Social-Media-Nutzer hervor.[2] Durch die Darstellung von Pamela in den sozialen Medien gilt sie als Fitness- und Food[3]-Influencerin und als Model mit mehreren verschiedenen Kooperationspartnern.

Das Ziel dieser Arbeit ist es aufzuzeigen, inwieweit sich das Image einer Person in unterschiedlichen Medien ändert und wie konsequent die deutsche Influencerin Pamela Reif ihr Image vertritt und präsentiert. Zunächst werden hierfür die drei Medien „Instagram", „Kochbuch" und „Boulevardmedium" definiert und näher erläutert. Daraufhin wird die Medienpräsenz von Pamela Reif aus unterschiedlichen Perspektiven betrachtet um in Kapitel 2 ihre Imagekonstruktion in Bezug auf ihre Persönlichkeit und ihr Image, auf ihre Glaubwürdigkeit und Vertrauenswürdigkeit, sowie auf ihre Bekanntheit und Medienpräsenz genau darzulegen. Danach wird die mediale Inszenierung von Pamela Reif in den drei vorher definierten Medien analysiert, anschließend in Kapitel 4 ein Vergleich der Inszenierungen gezogen und eine zusammenfassende Einschätzung der vorliegenden Arbeit als Fazit vorgenommen.

---

[1] Vgl. Rüegg, 2020, Web.

[2] Vgl. Deges, 2018, S. 14.

[3] Engl. für Essen oder Lebensmittel.

2 Theoretische Grundlagen

2.1 Definition Instagram

Instagram ist ein online Foto- und Video-Sharing-Dienst und war eine der ersten „mobile-only" Social Media Plattformen, was bedeutet, dass das Netzwerk lange Zeit nur über mobile Endgeräte wie Smartphones bedienbar war.[4] Heute (Stand 03.03.20) weist Instagram 17 Millionen monatliche aktive Nutzer auf und gehört somit, neben Facebook und YouTube, zu den drei beliebtesten Social Media Plattformen.[5] Instagram steht durch die Erwartungen der Nutzer von ästhetisch, imposant und schön empfundenen Beiträgen, die in Form von Fotos und Videos als Inszenierungsmöglichkeit bereitgestellt werden, für die Plattform, welche am emotionalsten empfunden wird. Durch die Kommunikation einer virtuellen „perfekten Welt" mit dem Anspruch auf hohe künstlerische sowie qualitativ hochwertige und ästhetische Inhalte, nutzen vor allem junge Nutzergruppen Instagram als Inspirationsquelle für die beliebten Themenbereiche wie Kochen, Sport, Fashion, Fotografie und Musik.[6] Hierfür sind die Inszenierungen von Personen, Situationen, Marken und Produkten sowie Momentaufnahmen die Basis um eine hohe Interaktionsrate der Nutzer zu erzielen. Der Text zu einem Bild oder einem Video spielt hierbei eher eine untergeordnete Rolle.[7] Beachtet werden sollten sogenannte Hashtags, die mit dem #-Symbol gekennzeichnet sind, somit als Hyperlink angezeigt werden und dadurch navigierbar sind. Hashtags sind Kategorien, welche von dem Beitragsverfasser frei gewählt werden können,[8] und über Ähnlichkeitsverbindungen informieren, in Beziehung zu dem geposteten Beitrag stehen und ähnelnde Posts bündeln.[9] Für diese Hausarbeit spielen jedoch nur die zwei Instagram Accounts von Pamela Reif eine wichtige Rolle.

2.2 Definition Kochbuch

Um Kochbuch zu definieren wird in der vorliegenden Arbeit für ein besseres Verständnis vorab der Begriff „Buch" erläutert.

Das Buch gilt als ältestes Massenmedium und ist ein auf Papier gedrucktes, öffentlich für jeden zugänglich oder erwerblich und nicht periodisch erscheinendes Medium.[10] Bücher bestehen hauptsächlich aus Sprachzeichen, aber auch aus Zahlen sowie Bildern und müssen laut der

---

[4] Vgl. Baumann, 2017, S. 82; Scholz, 2017, S. 8.
[5] Vgl. ARD/ZDF, 2019, Web.
[6] Vgl. Faßmann/Moss, 2016, S. 27f.
[7] Vgl. Scholz, 2017, S. 88f.
[8] Vgl. Schmidt/Taddicken, 2017, S. 29.
[9] Vgl. Wehner, 2008, S. 203.
[10] Vgl. UNESCO, 1946, Web; Wirtz, 2019, S. 209.

UNESCO[11] einen Mindestumfang von 49 Seiten aufweisen. Sie dienen der Aufbewahrung, Überlieferung und Verbreitung von immateriellen Inhalten und entstehen durch die thematische Fokussierung durch einen oder mehrere Autoren.[12]

Ein Kochbuch ist nach den Gebrüder Grimm ein Buch, welches das Kochen lehrt.[13] Zusätzlich muss erwähnt werden, dass es aus zusammengetragenem Wissen einer kochverständigen und erfahrenen Person besteht, welche die künstlerischen Fähigkeiten besitzt, Speisen geschmacksvoll anzurichten.[14] Kochbücher lassen sich im Allgemeinen durch die Rezeptauswahl und das Kochthema charakterisieren und sollten überwiegend aus Kochanweisungen und mindestens zu 50 Prozent aus Rezepten in Form von Text bestehen.[15] Demnach ist ein Kochbuch eine geordnete Sammlung von praktischen Kochrezepten, welche über Angaben von Zutaten sowie Mengenproportionen informieren und die Zubereitungsmethoden beschreiben.[16]

2.3 Definition Audiovisuelles Boulevardmedium

Die Bezeichnung Boulevardmedium lässt sich in das Jahr 1897 zurückführen, wo in New York die erste „Klatschpresse" in Form einer Zeitung auf der Straße (engl. Boulevard) verkauft wurde. Im Jahre 1904 wurde schließlich auch in Deutschland die erste Zeitung auf den Markt gebracht, die sich den Boulevardmedien zuordnen lässt. Mittlerweile haben sich neben unzähligen Zeitungen, Zeitschriften und Magazinen in Form eines Printmediums auch online und audiovisuelle Klatschnachrichten als Boulevardmedium etabliert.[17]

Boulevardmedien haben durch ihre kundenorientierte Aufbereitung und die hohe Reichweite ein enormes publizistisches Potential. Somit werden umfangreiche Themen und wenige Kernbotschaften auf kurze Beiträge reduziert.[18] Die Themenschwerpunkte sind zum einen der menschliche Aspekt oder Schicksalsschläge von bekannten Personen, zum anderen geht es häufig um eher leichte Nachrichtenthemen wie Skandale oder allgemeines über Prominente. Neben dem Unterhaltungs- und Informationsfaktor geht es jedoch auch um den Nutzwert für die Konsumenten, weshalb diese Medienform oft zusätzlich Tipps und Orientierung für das alltägliche Leben, die Gesundheit, den Trends und dem Haushalt anbieten.[19] Auch die einfach, plakativ gehaltene Sprache, die prägnanten, Sensationslust ansprechenden Darstellungen, die teils witzig, kreativen Schlagzeilen und die in den Vordergrund gestellte Visualisierung

---

[11] Organisation der Vereinten Nationen für Erziehung, Wissenschaft und Kultur.

[12] Vgl. UNESCO, 1946, Web; Blaha, 2011, Web.

[13] Vgl. Grimm/Grimm, 1854, Web.

[14] Vgl. Corvinus, 1715, Web.

[15] Vgl. Notaker, 2010, S. 2f.

[16] Vgl. Kandinsky, 1955, S. 149.

[17] Vgl. Inge, o.J., Web.

[18] Vgl. Paefgen-Laß, 2014, Web.

[19] Vgl. Obrist/Wiesinger, 2015, Web.

heben die Boulevardmedien als Massenmedium für alle Bildungsschichten von den anderen Medienformen deutlich ab.[20] Zudem kommen Strategien zur Personalisierung und Emotionalisierung hinzu, um weitere potentielle Interessenten anzusprechen.[21]

---

[20] Vgl. Obrist/Wiesinger, 2015, Web; Paefgen-Laß, 2014, Web.

[21] Vgl. Paefgen-Laß, 2014, Web.

3 Imagekonstruktion einer deutschen Fitness und Food-Influencerin

3.1 Persönlichkeit und Image

Angesichts der hohen Reichweite und Bekanntheit von Pamela Reif in den sozialen Netzwerken, könnte davon ausgegangen werden, dass die Influencerin sehr beliebt ist, ein eigenes Anwesen in einer beliebten Großstadt besitzt und über einen eigenen großen Mitarbeiterstab verfügt. Jedoch hat sie im echten Leben nur ihre Familie und weniger als eine Handvoll wahrer Freunde. Pamela organisiert als Unternehmerin alles selber und arbeitet ohne großes Team und Management. Ausschließlich bei Fotos beansprucht sie teilweise die Hilfe ihrer Familie, mit der sie auch gemeinsam in einer deutschen Kleinstadt wohnt.[22] Ihre Erfolgsgeschichte lässt sich auf ihre authentische, unterhaltsame Art, die einfach echt wirkt, zurückführen.[23]

Obwohl sie durch ihre geposteten Inhalte stark und selbstbewusst wirkt,[24] tritt sie im realen Leben, von außen betrachtet, eher als zurückhaltend und scheu auf, zeigt sich in Interviews jedoch von ihrer taffen Art und lässt spüren, dass sie weiß, wo ihre Stärken liegen.[25] Im Gespräch sitzt sie äußerst gerade, wirkt außerdem ruhig und gewissenhaft und es scheint so, als hätte sie die Antworten auf die Fragen der Journalisten schon vorformuliert. Trotz allem ist sie immer sehr bescheiden und gibt an, sich selber als nicht perfekt anzusehen.[26]

Influencer galten oftmals als dumm und werden gerne belächelt, jedoch hat auch Pamela Reif mit ihren 23 Jahren viel erreicht. Ihren Erfolg führt sie somit nicht auf ihr 1er-Abitur sondern vielmehr auf ihre Zielstrebigkeit, gute Auffassungsgabe, Motivation und ihren Perfektionismus zurück.[27] Ein gutes Beispiel hierfür ist, dass die junge Unternehmerin alle Bilder und Texte für ihr Kochbuch selber verfasst hat und zugab, für ein einziges Gericht ihres Kochbuchs 400 Bilder gemacht zu haben, bis sie ihre Vorstellungen erreicht hatte und mit dem Ergebnis endgültig zufrieden war.[28]

Schlussendlich steht Pamela Reif mittlerweile für eine neue Verkörperung der Weiblichkeit und den Idealtypus einer jungen Frau bei der hinter einer starken Physis auch ein geistiges Ideal mit disziplinierten und strebsamen Eigenschaften nach Gesundheit und Erfolg steckt.[29]

---

[22] Vgl. Gläsemann/Lau, 2019, Web.

[23] Vgl. Lammenett, 2019, S. 144.

[24] Vgl. Anhang XI, Abbildung 11.

[25] Vgl. Höhn, 2019, Web.

[26] Vgl. Pauer, 2017, Web.

[27] Vgl. Höhn, 2019, Web.

[28] Vgl. Gläsemann/Lau, 2019, Web.

[29] Vgl. Pauer, 2017, Web.

3.2 Glaubwürdigkeit und Vertrauenswürdigkeit

Pamela gilt für ihre Fans, welche jede Altersklasse vertreten, als beste Freundin, Popstar und Idol in einem, da sie täglich ihre Follower mit ihren Beiträgen persönlich anspricht. Sie unterzeichnet jedes Produkt, welches von ihr kommt oder bei dem sie mitgewirkt hat, mit einer runden „Love, Pam" oder „XX Pam" Mädchenschreibschrift um so ihre Fans noch persönlicher anzusprechen und zu zeigen, dass sie mit ihrem Namen dahintersteht.[30] Das „XX" steht für „küsschen" und wird normalerweise nur unter Freunden und Familie verwendet.[31]

Pamela zählt als Positivbeispiel und gehört nicht zu den zahlreichen Influencern, welche sich mit der Unterstützung von sogenannten Follower-Bots[32] und automatisierten Likes eine scheinbar hohe Reichweite erkaufen und somit ihre Follower und die Unternehmen, welche nach Influencern als Werbepartner suchen, betrügen.[33]

Gegenüber ihren Fans gibt Pamela sich als perfektes Vorbild, wobei sie die eigene Disziplin und Qual für den perfekten Körper als Spaß rüberbringt. Somit macht sie überwiegend jungen Mädchen vor, dass ihre perfekte Eigenkreation von sich selbst mit ihrer Beliebtheit, ihrem durchtrainierten, schlanken Körper, die dauerhafte gute Laune und ihre Schlauheit für jeden ein Kinderspiel wäre. Als die Vernünftige mit mahnendem Tonfall, verfolgt sie vermutlich gerade deswegen das Prinzip eines Personal Trainers mit hoher Reichweite und Überzeugungskraft für einen gesünderen Lebensstil.[34]

3.3 Bekanntheit und Medienpräsenz

Obwohl Pamela Reif als die bekannteste Fitness-Influencerin gilt und über vier Millionen Follower auf der Social-Media-Plattform Instagram und rund 1,4 Millionen Follower auf dem Videoportal YouTube verzeichnet, ist sie eine der wenigen, die ihre Reichweite und Bekanntheit selber aufgebaut hat und nicht durch TV-Auftritte, Musik oder Sport prominent geworden ist. Sie erreicht plattformübergreifend tagtäglich Millionen von Nutzer und hat sich aus eigener Kraft zur „Marke" etabliert.[35] Als Unternehmerin baut sie sich schrittweise mit gewinnbringenden Posts, neuen, eigenen Produktlinien und Werbedeals ganz alleine ein eigenes Imperium auf.[36] Dabei fing alles aus Spaß im Alter von 16 Jahren mit gewöhnlichen Schnappschüssen von sich selbst im Spiegel, vom Mittagessen oder neuen Armbändern bei Instagram an. Irgendwann bekam sie Spaß an der Sache und verfolgte das Posten

---

[30] Vgl. ebd.
[31] Vgl. Kaiser, 2017, Web.
[32] Computerprogramm, welches menschliche Verhaltensmuster wie Accounts Folgen, Bilder liken und kommentieren simuliert.
[33] Vgl. Lammenett, 2019, S. 160f.
[34] Vgl. Pauer, 2017, Web.
[35] Vgl. Lammenett, 2019, S. 144.
[36] Vgl. Gläsemann/Lau, 2019, Web.

regelmäßiger mit qualitativ hochwertigeren und abwechslungsreicheren Inhalten. Ihre große Follower-Anzahl erklärt sich die Influencerin so, da sie verschiedene Interessengebiete mit den Themenbereichen Sport, Food, Mode und Reisen abdecke.[37]

Auf ihren Bildern wirkt sie eigenständig und stark ohne lästige Störfaktoren. Sie zeigt sich gegen den ehemaligen Trend von verhungerten Models und Hilfsbedürftigkeit.[38] Eher gibt sie sich fitnessorientiert und postet Workout-Videos, sowie Fotos oder Videos zu Fitness- und gesunden Rezeptideen, um ihre Follower zu einem gesunden Lebensstil zu motivieren.[39] Dafür benutzt sie ihre Bekanntheit, die sie sich mit Instagram aufgebaut hat, und hat mittlerweile einiges auf den Markt gebracht. Dazu gehören ein eigenes Kochbuch mit gesunden Bowl-Rezepten,[40] eine Abo-Box mit ihren veganen Ernährungs- und Beauty-Lieblingsprodukten,[41] sowie ein eigenes Lebensmittelprodukt, das sogenannte „Acai-Püree".[42] Auch einen eigenen Adventskalender mit ihren Lieblingsfitnessriegeln hat sie für den Dezember 2019 erstellt.[43] Außerdem wird sie von bekannten Marken aus verschiedensten Themengebieten wie *GHD* aus dem Beauty-Bereich,[44] *Puma* aus dem Sportkleidungs-Bereich,[45] *NA-KD* aus dem Mode- und Fashion-Bereich,[46] oder *Calzedonia* aus dem Strumpfwaren- und Bademoden-Bereich,[47] gesponsert und erfolgreich als Testimonial eingesetzt.

---

[37] Vgl. Grazia-Magazin, 2019, Web.

[38] Vgl. Pauer, 2017, Web.

[39] Vgl. Gumpert/Kasprak, 2020, Web.

[40] Vgl. Anhang VI, Abbildung 1.

[41] Vgl. Anhang VI, Abbildung 2.

[42] Vgl. Anhang VII, Abbildung 3.

[43] Vgl. Anhang VII, Abbildung 4.

[44] Vgl. Ghd, 2019, Web; Anhang VIII, Abbildung 5.

[45] Vgl. Puma, 2019, Web; Anhang VIII, Abbildung 6.

[46] Vgl. NA-KD, 2019, Web; Anhang IX, Abbildung 7.

[47] Vgl. Calzedonia, 2019, Web; Anhang IX, Abbildung 8; Anhang X, Abbildung 9.

4 Mediale Inszenierung von Pamela Reif

4.1 Analyse Instagram Haupt-Account „Pamela_rf"

Auf Pamelas Haupt-Account fallen zuerst die 4,6 Millionen Abonnenten und die 1.446 Beiträge (Stand 10.03.2020) auf.[48] Ihre Reichweite hat sie sich allein über Instagram aufgebaut, ohne vorher andere reichweitenstarke Social Media Plattformen zu nutzen oder anderweitig bekannt zu sein.[49] Da sie viele internationale Follower hat, kommuniziert sie das Meiste auf englisch. Durch eine eigene Instagram-Bildsprache, mit dem dauerhaften Einsatz von gleichen Foto-Filtern, können Beiträge individuell gestaltet werden und somit der Wiedererkennungswert auf der Plattform gesteigert werden.[50] Bei Pamela fällt auf, dass alle Beiträge sehr kontrastreich und farbenfroh sind. Außerdem postet sie fast ausschließlich Fotos, auf denen sie allein zu sehen ist. Ihre Bilder scheinen immer perfekt inszeniert und ihr durchtrainierter Körper steht überwiegend im Vordergrund. Sie trägt oft enge, figurbetonte Kleidung und zeigt sich in Bademode oder Sportkleidung.[51] Im Gegensatz zu Mode- und Fashion-Influencern, welche sich überwiegend mit Outfits und Style beschäftigen, geht Pamela jedoch nicht speziell auf die Kleidermarken oder wo ihre Follower die Kleidungsstücke nachkaufen könnten, ein.[52] Sie geht lediglich mit einem Hashtag auf die Marken ein, mit denen sie eine Kooperation hat.[53]

Natürlich spielt Fitness auf ihrem Profil eine große Rolle. Sie bezieht sich in vielen Story-Highlights auf verschiedenste Übungen, indem sie mit Hilfe von kleinen Videoausschnitten zeigt, wie Fitnessübungen richtig auszuführen sind und welche Muskelgruppen beansprucht werden.[54] Sie wirkt dabei sehr authentisch, da auch Pamela, die wenn es um Fitness geht unnahbar und perfekt wirkt, sich Probleme eingestehen kann. Bei vereinzelten Übungen gibt sie offen und ehrlich an, dass es auch für sie anstrengend ist und sie manches auch öfter probieren muss, bevor es klappt und so fehlerfrei wirkt wie in ihren Videos.[55] Dass sie auch über sich selber lachen kann, zeigt Pamela ohne Probleme auf dem sozialen Netzwerk. In ihrem Story-Highlight „Classic" postet sie ihre lustigen Erlebnisse und Bilder mit amüsanten Kommentaren über sich selber.[56] Zudem ist sie offensichtlich bei ihrer Familie und ihren Freunden dafür bekannt, dass sie überall schlafen kann und postet dazu auch gerne Videos

---

[48] Vgl. Anhang X, Abbildung 10.

[49] Vgl. Lammenett, 2019, S. 160.

[50] Vgl. Scholz, 2017, S. 89.

[51] Vgl. Anhang XI, Abbildung 11.

[52] Vgl. Anhang XI, Abbildung 12.

[53] Vgl. Anhang XII, Abbildung 13.

[54] Vgl. Anhang XII, Abbildung 14.

[55] Vgl. Anhang XIII, Abbildung 15.

[56] Vgl. Anhang XIII, Abbildung 16.

in ihrer Story, welche als Ansammlung unter dem Story-Highlight „Quick nap?" wiederzufinden sind, was beweist, dass sie offen dazu steht.[57]

Aber auch das Thema Nachhaltigkeit spielt in ihrem Feed eine wesentliche Rolle. Neben unzähligen Beiträgen, bei denen sie vermehrt erwähnt, wie wichtig ihr das Thema ist,[58] hat sie ein Story-Highlight zu dem Thema Plastik erstellt, was ihre Follower dazu animieren soll, weniger Plastik in ihrem Alltag zu verwenden. Außerdem erzählt sie, was für ein großes Thema Plastiktüten in der Industrie sind und wie sehr sie sich bei ihrer eigenen NA-KD Kollektion dafür eingesetzt hat, dass diese ohne Plastik und stattdessen in biologisch abbaubaren Verpackungen aus Stärke vertrieben wird, da auch die Materialien aus der ihre Kollektion besteht, natürlich und recycle bar sind.[59] Im Allgemeinen redet Pamela immer sehr ruhig und voller Zuversicht in ihren Storys. Durch diese Kommunikationsart wirkt sie mit sich und ihrem Leben zufrieden und strahlt somit Fröhlichkeit und eine positive Aura aus.

4.1.1 Analyse Instagram Zweit-Account „Pamgoesnuts"

Pamelas Zweit-Account bei Instagram ist mit 317.000 Followern (stand 18.02.2020) nicht so populär und handelt ausschließlich von Essen und Ernährung. Auch wenn der Name einen vermuten lässt, dass es auf dem Account nur um Nüsse geht, stellt sie direkt klar, dass dies nicht der Fall ist und sie nur den Namen gewählt hat, da sie verrückt nach Nüssen ist.[60] Alle Gerichte sind anschaulich und überwiegend in Schalen angerichtet. Auf diesem Account zeigt sie sich selber eher selten, vermittelt aber umso mehr ihr Wissen über eine gesunde, ausgewogene Ernährung und Lebensmittel.[61]

4.2 Analyse Kochbuch „You Deserve This"

Das bunte Hardcover des Kochbuchs fällt im Vergleich zu anderen Kochbüchern auf. Abgebildet ist ein großes Foto mit dem Gesicht von Pamela. Sie schaut freundlich aber etwas schüchtern wirkend in die Kamera, sitzt dabei im Freien, hält eine Gabel in der Hand und hat eine mit gesunden Zutaten gefüllte Bowl vor sich stehen.[62] Es ist ein sogenanntes Bowl-Kochbuch und bedeutet, dass alle Rezepte in einer Schale angerichtet werden, die ideale Portionsgröße für eine Person haben, der Genuss bewusster wahrgenommen wird, da die Aromen und Texturen sich vermischen und die Mahlzeiten leicht appetitlich angerichtet werden können. Das Prinzip stammt aus dem Buddhismus, wodurch sich Pamela inspirieren lassen hat.[63] Dem Buchcover lässt sich außerdem entnehmen, dass „mehr als 70 einfache &

---

[57] Vgl. Anhang XIV, Abbildung 17.

[58] Vgl. Anhang XIV, Abbildung 18.

[59] Vgl. Anhang XV, Abbildung 19; Anhang XV, Abbildung 20.

[60] Vgl. Anhang XVI, Abbildung 21.

[61] Vgl. Anhang XVI, Abbildung 22; Anhang XVII, Abbildung 23; Anhang XVII, Abbildung 24.

[62] Vgl. Anhang XVIII, Abbildung 25.

[63] Vgl. Anhang XIX, Abbildung 26.

natürliche Rezepte für einen gesunden Lebensstil" und „über 40 Seiten Wissen rund um gesunde Ernährung" [64] in dem Kochbuch aufzufinden sind. Ihre Devise: „You deserve this!" [65], weshalb diese Leitidee auch der Name des Kochbuchs geworden ist und somit in Großbuchstaben das Buchcover verziert.[66]

Im Vorwort wird nach einer kurzen Vorstellung ihrerseits mit der Anmerkung, dass häufige Stressfaktoren in unserer kurzlebigen Welt gar keine unbedingt sein müssen, klar, wie ausgeglichen und ruhig sie tatsächlich ist. Deutlich bemerkbar wird außerdem, wie bescheiden sie auch in Hinsicht ihres Kochbuchs im Vergleich zu anderen Kochbüchern ist.[67] Es wird unverwechselbar deutlich, wie wichtig es ihr ist, anderen und deren Körpern mit diesem Buch etwas Gutes zu tun und wie viel Herz sie in dieses Kochbuch gesteckt hat, was auch deutlich auf den Fotos erkennbar wird.[68]

Pamela hat alle Rezepte selber kreiert und gekocht. Im Vergleich zu anderen Kochbüchern hat sie diese außerdem alleine angerichtet und fotografiert. Zum Fixieren hat sie nur natürliche Zutaten verwendet und auf Kleber oder Haarspray, welche in der klassischen Food-Fotografie verwendet werden, verzichtet. Auch die Texte hat sie alleine geschrieben und die Bilder der Gerichte selber in ihrem eigenen Stil bearbeitet.[69] Das Buch ist in leichten rosa und beige Tönen gehalten, wobei fast jede zweite Seite von einem mit Liebe zum Detail bedachten, sehr ansprechend angerichteten Bild verziert wird.

Bevor Pamela in ihrem Kochbuch auf die verschiedenen Bowl-Rezepte wie Frühstück-Bowls, Smoothie-Bowls, Mittag- & Abendessen-Bowls, süße Bowls, sowie Beilagen eingeht, startet sie mit einer kleinen Einleitung und vermittelt danach auf 48 Seiten ihr Lebensmittelwissen inklusive Ernährungstipps, Einkaufstipps und Bowl-Tipps. Somit hebt ihr Kochbuch sich erneut von anderen Kochbüchern ab, da diese sich normalerweise nicht mit Ernährungstipps bezüglich Antioxidantien gegen Entzündungen, Proteine und Verdauungstipps oder mit Einkaufstipps wie „an unsere Umwelt denken" beschäftigen.[70] Auch hierbei wird bemerkbar, wie wichtig Pamela es ist, ihr Wissen über ein gesundes, ausgeglichenes Leben zu verbreiten und wie sehr ihr das zunehmend präsente Thema Nachhaltigkeit am Herzen liegt.

Die verschiedenen Rezepte sind alle mit genausten Mengenangaben sowie Zeitangaben versehen. Außerdem bietet das Kochbuch zu fast jedem Rezept eine passende kleine Info zu einer der Zutaten, eine Notiz mit Hinweisen oder einen speziellen Tipp und weist bis ins Detail

---

[64] Vgl. Anhang XVIII, Abbildung 25.

[65] Engl. für „du verdienst das".

[66] Vgl. Anhang XVIII, Abbildung 25.

[67] Vgl. Reif, 2019, S. 5; Anhang XX, Abbildung 27.

[68] Vgl. Anhang XX, Abbildung 28.

[69] Vgl. Reif, 2019, S. 5, Anhang XX, Abbildung 27.

[70] Vgl. Anhang XXI, Abbildung 29; Anhang XXI, Abbildung 30.

auf die Nährwerte hin, was es im Vergleich besonders macht.[71] Wegen ihren vielen internationalen Fans hat Pamela im Januar 2020 das Kochbuch auch in englischer Version veröffentlicht.[72]

4.3 Analyse Boulevardmedium *Taff* „Das Phänomen Pamela Reif"

Taff steht für die Wörterfolge „täglich, aktuell, frisch, frech" und zählt als deutsches Lifestyle- und Boulevard-Magazin, was montags bis samstags als audiovisuelles Medium vom privaten Free-TV-Sender ProSieben ausgestrahlt wird. Es umfasst die neusten Entwicklungen und Trends der Themenbereiche Lifestyle, Fashion und Beauty, bezieht sich aber auch auf aktuelle Nachrichten. Neben Events, Reisen, Gesundheit, Technik und Karriere, beschäftigt sich das Format auch mit Social Media, Essen, Trinken, Sport und Fitness sowie Abnehmen,[73] weshalb Pamela Reif als sehr interessant für das Lifestyle-Magazin wirkt.

In dem Beitrag vom 18.10.2019 wurde unter dem Titel „Das Phänomen Pamela Reif" ein kurzes Interview von Taff mit Pamela Reif geführt. Anfangs wird direkt klargestellt, dass normalerweise auf der Buchmesse, wo das Taff-Team sich aktuell befindet, nur die bekanntesten auf der Welt im Mittelpunkt stehen. Nachdem jedoch Pamela auftaucht, da diese dort auch mit ihrem Kochbuch vertreten ist, folgt innerhalb von Sekunden eine Ansammlung ihrer Fans und das, obwohl nur die Presse von ihrer Anwesenheit wusste.[74] Dies beweist, wie prominent Pamela mittlerweile in Deutschland ist. Sie wirkt schüchtern und fällt durch ihre 1,63[75] Meter Anfangs kaum auf. Dass Pamela es mit ihrem Kochbuch auf die Bestseller-Liste geschafft hat, verwundert das Taff-Team hörbar.[76]

Mit der Aussage zu ihrem Kochbuch „...ganz viele Rezepte drin und die haben alle gemeinsam, dass sie hoffentlich ganz toll schmecken und eben gesund sind..."[77] zeigt sie wieder mal ihre Bescheidenheit. Der Blick zur Seite und das Lachen, welches sie sich bei der Aussage bezüglich des guten Geschmacks kaum verkneifen kann, unterstreicht dies, aber lässt auch anmerken, dass sie sehr von der Qualität ihres Kochbuchs überzeugt ist.[78] Als wäre es normal im Buch-Business, gibt sie im Interview an, dass seit Ende Mai bis Mitte Oktober

---

[71] Vgl. Anhang XXII, Abbildung 31; Anhang XXII, Abbildung 32; Anhang XXIII, Abbildung 33.

[72] Vgl. Anhang XXIII, Abbildung 34.

[73] Vgl. Prisma, 2020, Web.

[74] Vgl. Taff, 2019, Das Phänomen Pamela Reif, 18.10.2019, https://www.prosieben.de/tv/taff/video/244-das-phaenomen-pamela-reif-clip, (Abruf am 11.03.2020), TC: 00:00:00-00:00:16.

[75] Vgl. Anhang XXIV, Abbildung 35.

[76] Vgl. Taff, 2019, Das Phänomen Pamela Reif, 18.10.2019, https://www.prosieben.de/tv/taff/video/244-das-phaenomen-pamela-reif-clip, (Abruf am 11.03.2020), TC: 00:00:17-00:00:00:26.

[77] Reif, 2019, Taff - Das Phänomen Pamela Reif, 18.10.2019, https://www.prosieben.de/tv/taff/video/244-das-phaenomen-pamela-reif-clip, (Abruf am 11.03.2020), TC: 00:00:28-00:00:35.

[78] Vgl. Taff, 2019, Das Phänomen Pamela Reif, 18.10.2019, https://www.prosieben.de/tv/taff/video/244-das-phaenomen-pamela-reif-clip, (Abruf am 11.03.2020), TC: 00:00:28-00:00:35.

90.000 Bücher verkauft wurden.[79] Es folgt ein kurzer Einblick über alles, was Pamela Reif in den letzten 3 Jahren veröffentlich hat und wird so dargestellt, dass alles Gold wird was sie anfasst, weshalb es nicht verwunderlich scheint, dass die Anzahl der verkauften Bücher für sie keine Besonderheit darstellt.[80] Außerdem gibt der Beitrag preis, dass Pamela eine 5-stellige Summe für einen Beitrag mit Werbepartnern verlangt,[81] in der Influencer-Welt mit der Reichweitenstärke jedoch absolut normal und nicht etwa abgehoben oder geldgierig.[82] Doch auch hier wird sehr deutlich, wie beliebt Pamela bei ihren Fans und Followern ist. Durch massenhafte Nachfrage bei Kooperationen stürzen vermehrt die Server der Kooperationspartner ab und auch die Drogeriemärkte hatten nach dem Hinweis auf „Kürbis pur in der Babyabteilung als Püree" ausverkaufte Regale, was vereinzelte Mütter gar nicht spaßig fanden und Pamela vorwarfen, dass sie ihre Macht gewissenhafter nutzen solle.[83] Trotz der Vorwürfe wirkt sie gelassen und teilt stolz mit, dass sie komplett auf sich gestellt ist und alles alleine handhabt, egal ob es um Management, Verträge, juristische Sachen, veröffentlichen von Büchern oder Modeln geht. Tagtäglich arbeitet sie deshalb nach eigenen Angaben 10-12 Stunden, wirkt jedoch sehr ausgeglichen und untermauert die Aussage in einem gewissen Ton, als würden ihr das alles normalerweise eher wenige glauben.[84] Auf die Aussage, dass sie unnahbar sei und alles oft nur Inszeniert wäre, erwidert sie ernst, dass sie sich nicht daran erinnern könne, wann sie zuletzt vor Trauer geweint hat, da ihr genau bewusst ist, dass sie gerade dann verletzlich ist und die Presse somit anzieht. Außerdem betont sie wie sehr sie das Leben liebt und genießt.[85]

Auch das während dem Interview ihre Kochbücher hinter ihr runterfallen bringt die Influencerin nicht aus ihrem Konzept. Sie nutzt die Chance, um klar zu machen, dass sie gerade aus diesem Grund nicht nur ein E-Book machen wollte. Dabei lacht sie, zeigt sich menschlich und hilfsbereit und hebt die restlichen Bücher gemeinsam mit dem Personal auf.[86]

---

[79] Vgl. Taff, 2019, Das Phänomen Pamela Reif, 18.10.2019, https://www.prosieben.de/tv/taff/video/244-das-phaenomen-pamela-reif-clip, (Abruf am 11.03.2020), TC: 00:00:49-00:00:56.

[80] Vgl. Taff, 2019, Das Phänomen Pamela Reif, 18.10.2019, https://www.prosieben.de/tv/taff/video/244-das-phaenomen-pamela-reif-clip, (Abruf am 11.03.2020), TC: 00:00:56-00:01:22.

[81] Vgl. Taff, 2019, Das Phänomen Pamela Reif, 18.10.2019, https://www.prosieben.de/tv/taff/video/244-das-phaenomen-pamela-reif-clip, (Abruf am 11.03.2020), TC: 00:01:23-00:01:30.

[82] Vgl. Reachhero, 2019, Web.

[83] Vgl. Taff, 2019, Das Phänomen Pamela Reif, 18.10.2019, https://www.prosieben.de/tv/taff/video/244-das-phaenomen-pamela-reif-clip, (Abruf am 11.03.2020), TC: 00:01:40-00:02:07.

[84] Vgl. Taff, 2019, Das Phänomen Pamela Reif, 18.10.2019, https://www.prosieben.de/tv/taff/video/244-das-phaenomen-pamela-reif-clip, (Abruf am 11.03.2020), TC: 00:02:18-00:02:32.

[85] Vgl. Taff, 2019, Das Phänomen Pamela Reif, 18.10.2019, https://www.prosieben.de/tv/taff/video/244-das-phaenomen-pamela-reif-clip, (Abruf am 11.03.2020), TC: 00:02:36-00:03:02.

[86] Vgl. Taff, 2019, Das Phänomen Pamela Reif, 18.10.2019, https://www.prosieben.de/tv/taff/video/244-das-phaenomen-pamela-reif-clip, (Abruf am 11.03.2020), TC: 00:03:03-00:03:17.

5 Vergleich der Inszenierungen und Fazit

Im Vergleich der Inszenierung in den drei Medien wird klar, dass Pamela eine starke Persönlichkeit ist, die ihre Ziele sowohl kurzfristig als auch langfristig klar vor Augen hat. In dem Thema „Food & Fitness", wodurch sie bekannt geworden ist, kennt sie sich sehr gut aus und will dieses Wissen, ohne viel dafür von ihren Fans zu verlangen, gerne mit ihnen teilen. Sie gibt sich in allen drei verschiedenen Medien sehr menschlich, bescheiden und wirkt authentisch und ehrlich. Außerdem scheint sie sehr perfektionistisch und voller Lebensfreude zu sein, was sie gerne mit ihren Followern teilt. Sich selber nimmt sie nicht zu ernst was sie sehr nahbar und sympathisch macht. Die Ruhe in ihrer Stimme und die persönlichen Ansprachen lassen sie vertrauensvoll wirken.

Abschließend kann somit festgehalten werden, dass Pamela Reif ihr Image in den ausgewählten Medien gleichermaßen vertritt und ihre wichtigsten Werte wie gute Ernährung, gesunder Lebensstil und ein Sinn für Nachhaltigkeit stetig präsent hält.

Die vorliegende Arbeit stößt hinsichtlich der vorgegebenen maximalen Länge an ihre Grenzen, da es dem Autor nicht möglich war, das Image von Pamela Reif auf die entferntere Vergangenheit auszuarbeiten. In diesem Zusammenhang wäre es für die vorliegende Arbeit interessant gewesen, ihr damaliges Image, als sie mit den sozialen Netzwerken begonnen hat, mit dem heutigen zu vergleichen und passend dazu ein Interview mit der Influencerin zu führen. Außerdem wäre es interessant gewesen, weitere Medien, in denen sie vertreten ist, zu betrachten und zu analysieren. Ob die Reichweite und die Beliebtheit von Pamela Reif weiterhin steigt und ob oder wie lange sie dem Verlangen und dem Druck, alles alleine perfektionistisch machen zu wollen, standhält, bleibt unklar.

Literaturverzeichnis

Baumann, Paul (2017): Die beliebtesten Social-Media-Kanäle im beruflichen Alltag: Tipps und Tricks aus der Praxis, in: Scholz, Heike (Hrsg.): Social goes Mobile – Kunden gezielt erreichen – Mobile Marketing in Sozialen Netzwerken, 2. Aufl., Wiesbaden, S. 75 - 84.

Deges, Frank (2018): Quick Guide Influencer Marketing – Wie Sie durch Multiplikatoren mehr Reichweite und Umsatz erzielen, Wiesbaden.

Faßmann, Manuel; Moss, Christoph (2016): Instagram als Marketing-Kanal – Die Positionierung ausgewählter Social-Media-Plattformen, Wiesbaden.

Firsching, Jan (2017): Mehr als Cat Content und Selfies: Erfolgreiches Instagram Marketing für Unternehmen, in: Scholz, Heike (Hrsg.): Social goes Mobile – Kunden gezielt erreichen – Mobile Marketing in Sozialen Netzwerken, 2. Aufl., Wiesbaden, S. 85 - 104.

Kandinsky, Wassily (1955): Essays über Kunst und Künstler, Stuttgart.

Lammenett, Erwin (2019): Praxiswissen Online-Marketing – Affiliate-, Influencer-, Content- und E-Mail-Marketing, Google Ads, SEO, Social Media, Online- inklusive Facebook-Werbung, 7. Aufl., Wiesbaden.

Notaker, Henry (2010): Printed Cookbooks in Europe, 1470-1700 – A Bibliography of Early Modern Culinary Literature, New Castle.

Reif, Pamela (2019): You Deserve This – Einfache & natürliche Rezepte für einen gesunden Lebensstil, Köln.

Schmidt, Jan-Hinrik; Taddicken, Monika (2017): Entwicklung und Verbreitung sozialer Medien, in: Schmidt, Jan-Hinrik; Taddicken, Monika (Hrsg.): Handbuch soziale Medien, Wiesbaden, S. 3 – 22.

Scholz, Heike (2017): Social Networks: Funktionen, Marktstellung, Nutzung, in: Scholz, Heike (Hrsg.): Social goes Mobile – Kunden gezielt erreichen – Mobile Marketing in Sozialen Netzwerken, 2. Aufl., Wiesbaden, S. 3 - 16.

Wehner, Josef (2008): „Social Web" – Zu den Rezeptions- und Produktionsstrukturen im Internet, in: Jäckel, Michael; Mai, Manfred (Hrsg.): Medienmacht und Gesellschaft – Zum Wandel öffentlicher Kommunikation, Frankfurt/Main, S. 197 – 218.

Wirtz, Bernd W. (2019): Medien- und Internetmanagement, 10. Aufl., Wiesbaden.

Internetverzeichnis

ARD/ZDF (2019): Ergebnisse der ARD/ZDF Onlinestudie 2019, http://www.ard-zdf-onlinestudie.de/files/2019/Ergebnispraesentation_ARD_ZDF_Onlinestudie_PUBLIKATION_extern.pdf (Abruf am 03.03.20).

Blaha, Rudolf A. (2011): Wann ist ein Buch ein Buch?, https://www.boersenblatt.net/2011-09-01-artikel-wann_ist_ein_buch_ein_buch_-__prinzip_buch__.454079.html (Abruf am 04.03.20).

Calzedonia (2019): Calzedonia Pamela Party Collection, https://www.calzedonia.com/de/damen/cal_women_lp_de-de/pamela_party_collection/ (Abruf am 18.02.20).

Corvinus, Gottlieb Siegmund (1715): Nutzbares, galantes, und curiöses Frauenzimmer-Lexicon, http://diglib.hab.de/show_image.php?dir=drucke/ae-12&image= (Abruf am 10.03.20).

Gentemann, Lukas (2020): 8 von 10 Internetnutzern schauen Video-Streams, https://www.bitkom-research.de/de/pressemitteilung/8-von-10-internetnutzern-schauen-video-streams (Abruf am 17.02.20).

GHD (2019): GHD Ambassador Pamela Reif, https://www.ghdhair.com/de/pamela-reif (Abruf am 18.02.20).

Gläsemann, Andrea; Lau, Chloé (2019): Beauty and the Business, https://www.forbes.at/artikel/beauty-and-the-business.html (Abruf am 18.02.20).

Grazia-Magazin (2019): Pamela Reif verrät exklusiv: Diese Essgewohnheiten formen ihre Traumfigur, https://www.grazia-magazin.de/lifestyle/pamela-reif-verraet-exklusiv-diese-essgewohnheiten-formen-ihre-traumfigur-41220.html (Abruf am 18.02.20).

Grimm, Jacob; Grimm, Wilhelm (1854): Deutsches Wörterbuch von Jacob und Wilhelm Grimm, http://www.woerterbuchnetz.de/DWB?lemma=kochbuch (Abruf am 10.03.20).

Gumpert, Nicolas; Kasprak, Tobias (2020): Fitness, https://www.dr-gumpert.de/html/fitness.html (Abruf am 18.02.20).

Höhn, Lena (2019): Pamela Reif: Karrierefrau, die noch bei Mutti wohnt – Der Social-Media-Star im Interview, https://www.myself.de/leben/beruf-karriere/portraits/pamela-reif/ (Abruf am 18.02.20).

Inge (o.J.): Boulevardpresse: Der Kampf um die beste Schlagzeile, https://www.anwalt.org/boulevardpresse/#Boulevardpresse_Sprache_und_Stilmittel (Abruf am 10.03.20).

Kaiser, Henning (2017): Das bedeutet die Abkürzung XOXO, https://www.focus.de/digital/praxistipps/xoxo-das-bedeutet-die-abkuerzung_id_6803885.html (Abruf am 11.03.20).

NA-KD (2019): Pamela x NA-KD, https://www.na-kd.com/de/pamelaxnakd (Abruf am 18.02.20).

Obrist, Monika; Wiesinger, Andreas (2015): Sprache und Stil des Boulevardjounalismus, https://www.kulturinstitut.org/fileadmin/Sprachstelle/pdf_Publikationen/Nachlese/Sprache_und_Medien/Sprache_und_Stil_des_Boulevardjournalismus.pdf (Abruf am 10.03.20).

Paefgen-Laß, Michaela (2014): Wie viel Wirtschaft verträgt der Boulevardjournalismus?, https://www.springerprofessional.de/medien/public-relations/wie-viel-wirtschaft-vertraegt-der-boulevardjournalismus/6602634 (Abruf am 17.02.20).

Pauer, Nina (2017): Pamela Reif - „Achte auf deine Körperhaltung!", https://www.zeit.de/2017/29/pamela-reif-instagram-model-fitness/komplettansicht (Abruf am 18.02.20).

Prisma (2020): Taff, https://www.prisma.de/thema/magazin/taff,19349603 (Abruf am 16.02.20).

Puma (2019): Puma x Pamela, https://eu.puma.com/de/de/damen/pamela-reif-collection (Abruf am 18.02.20).

Reachhero (2019): Der ROI neu definiert: Influencer Media Value, https://blog.reachhero.de/influencer-media-value/influencer-roi/ (Abruf am 11.03.20).

Rüegg, Benjamin (2020): Die erfolgreichsten Influencer in Deutschland, https://likeometer.co/deutschland/influencer/alle/ (Abruf am 04.03.20).

Taff (2019): Das Phänomen Pamela Reif, https://www.prosieben.de/tv/taff/video/244-das-phaenomen-pamela-reif-clip (Abruf am 11.03.20).

UNESCO (1964): Recommendation concerning the International Standardization of Statistics Relating to Book Production and Periodicals, http://portal.unesco.org/en/ev.php-URL_ID=13068&URL_DO=DO_TOPIC&URL_SECTION=201.html (Abruf am 04.03.20).

Anhang

Der Anhang der vorliegenden Hausarbeit dient für ein besseres Verständnis und einen vereinfachten Einblick im Bezug auf die ausgewählten Medien. Um die Instagram Beiträge besser lesen zu können, eignet sich die Zoomeinstellung von 280%. Für die Texte des Kochbuchs empfiehlt der Autor die Einstellung von 320% auf einem elektronischen Endgerät.

Abbildung 1 - Instagram Beitrag: Kochbuch

Quelle: Instagram, 2019, https://www.instagram.com/p/ByluUJzlaMw/.

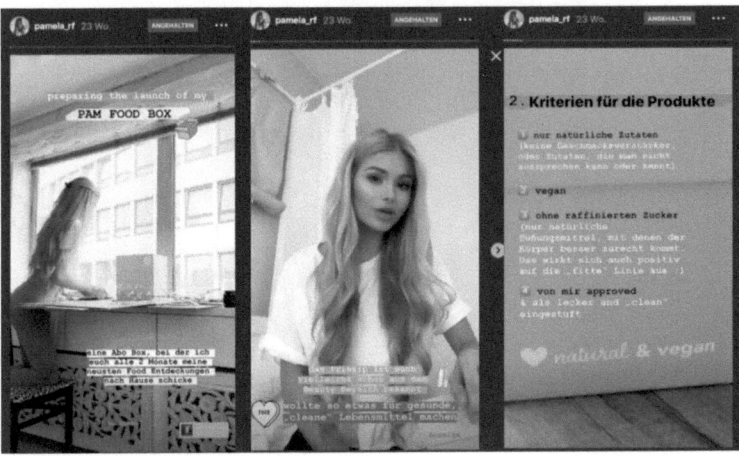

Abbildung 2 - Instagram Storie Highlight: Pam-Box

Quelle: Instagram, 2019, https://www.instagram.com/stories/highlights/17865472813494432/.

Abbildung 3 - Instagram Storie Highlight: Acai

Quelle: Instagram, 2019, https://www.instagram.com/stories/highlights/17865472813494432/.

Abbildung 4 - Instagram Storie Highlight: Adventskalender 2019

Quelle: Instagram, 2019, https://www.instagram.com/stories/highlights/17850583363590839/.

Abbildung 5 - Instagram Beitrag: Ghd x Pam

Quelle: Instagram, 2019, https://www.instagram.com/p/B3PYjrCiGxc/.

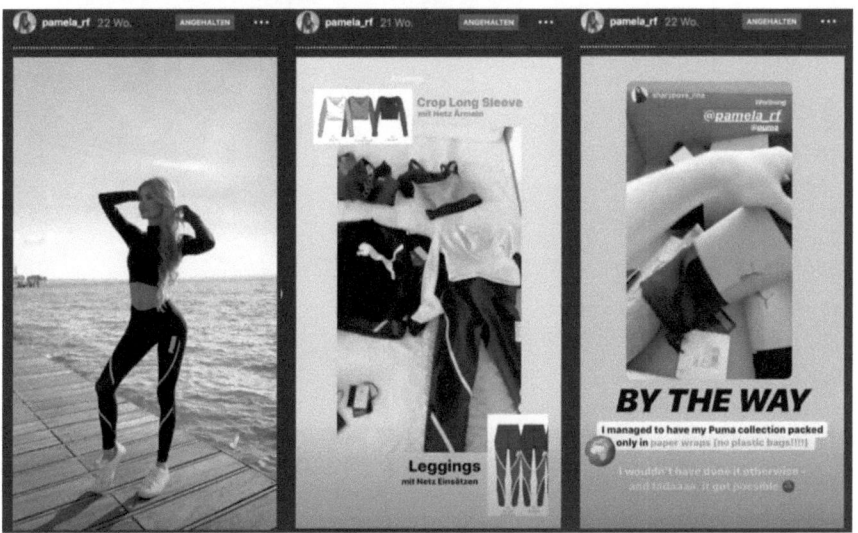

Abbildung 6 - Instagram Storie Highlight: Puma x Pam

Quelle: Instagram, 2019, https://www.instagram.com/stories/highlights/18017800972246648/.

Abbildung 7 - Instagram Beitrag: Pamela x NA-KD

Quelle: Instagram, 2019, https://www.instagram.com/p/B4re62oCX8g/.

Abbildung 8 - Instagram Beitrag: Calzedonia x Pamela Reif

Quelle: Instagram, 2019, https://www.instagram.com/p/B4dMPuUCLIO/.

Abbildung 9 - Instagram Beitrag: Calzedonia Bikini Shooting

Quelle: Instagram, 2020, https://www.instagram.com/p/B8WHweLFxmS/.

Abbildung 10 - Instagram Hauptprofil Pamela Reif

Quelle: Instagram, 2020, https://www.instagram.com/pamela_rf/.

Abbildung 11 - Instagram Beiträge

Quelle: Instagram, 2020, https://www.instagram.com/pamela_rf/.

Abbildung 12 - Instagram Beitrag: Ohne Verlinkung der Marke o. des Kleidungsstücks

Quelle: Instagram, 2019, https://www.instagram.com/p/BzYv0wwlh_b/.

Abbildung 13 - Instagram Beitrag: Mit Verlinkung des Kooperationspartners

Quelle: Instagram, 2019, https://www.instagram.com/p/B4vVR1YFzSg/.

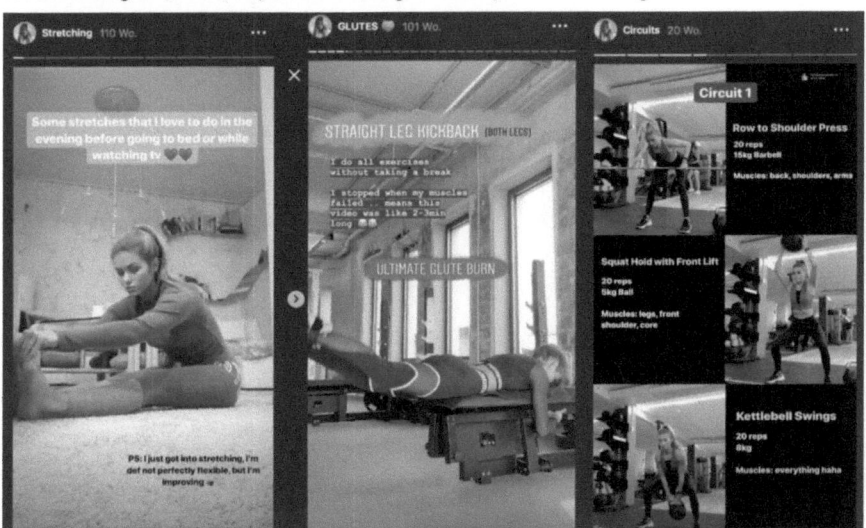

Abbildung 14 - Instagram Storie Highlights: Stretching, Glutes, Circuits

Quelle: Instagram, 2019, https://www.instagram.com/pamela_rf/.

pamela_rf ● • Abonniert

Time To Train

heart rate uuuuuuup. Such an easy movement & it feels like dancing 💃 Turn your body to one side, arms reach the other way. Jump and twist your body, arms reach to the other side again!.

4️⃣ TWISTED MOUNTAIN CLIMBER WITH KNEE TOUCH - this is so so hard for my coordination and balance. I failed a couple of times! If that's too hard for you, perform a regular Mountain Climber. .

5️⃣ SQUAT TO SQUAT JUMP - it's all about those leeeeegs (and your hear rate). Jump Squats are way more intense than regular Squats. I start to breathe heavily after 20reps & if you really push through your heel: you will feel your butt burning 🍑.

Gefällt **celineir7** und **99.172 weitere Personen**

25. DEZEMBER 2019

Kommentar hinzufügen …   Posten

Abbildung 15 - Instagram Beitrag: Anstrengende Fitness-Übungen

Quelle: Instagram, 2019, https://www.instagram.com/p/B6gABM8IDCK/.

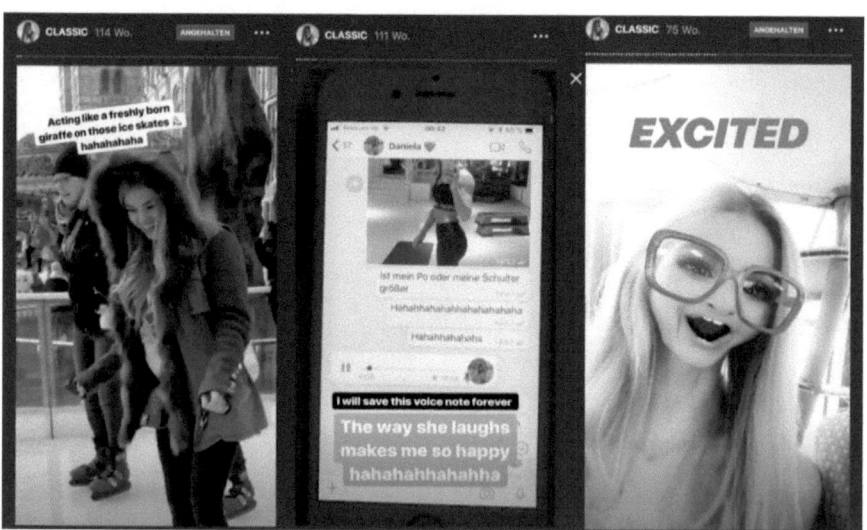

Abbildung 16 - Instagram Storie Highlights: Classic

Quelle: Instagram, 2019, https://www.instagram.com/stories/highlights/17892296209181349/.

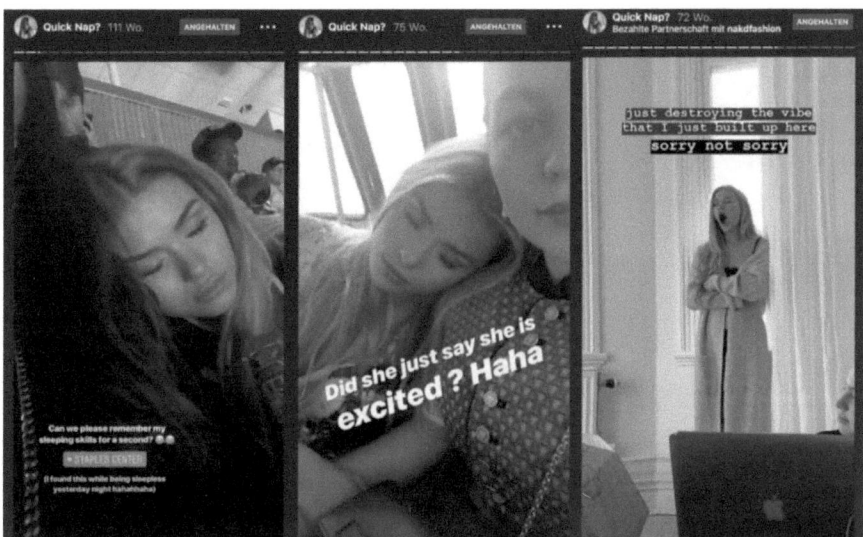

Abbildung 17 - Instagram Storie Highlight: Quick Nap?

Quelle: Instagram, 2019, https://www.instagram.com/stories/highlights/17892824530179389/.

Abbildung 18 - Instagram Beitrag: Nachhaltigkeit

Quelle: Instagram, 2020, https://www.instagram.com/p/B9kPhsUlQCv/.

Abbildung 19 - Instagram Storie Highlight: Plastic

Quelle: Instagram, 2019, https://www.instagram.com/stories/highlights/17965559452089981/.

Abbildung 20 - Instagram Beitrag: NA-KD Kollektion ohne Plastik

Quelle: Instagram, 2018, https://www.instagram.com/p/BowriQeB4eH/.

Quelle:

112 Beiträge   317k Abonnenten   21 abonniert

Pamela Reif
🥜 Don't be fooled, this is not only about nuts. Although you know that I go nuts when it comes to nuts.
🥄 MEIN KOCHBUCH 📥
bit.ly/2VRHsqz

Abonniert von **pamela_rf, lisadelpiero, mandyba_** und 16 weiteren

justspices   Açai   Veggie Soup   Kitchen To...   Bowls&Pla...   CLAUS   Porridge &...

Abbildung 21 - Instagram 2. Account Pamela Reif (Food-Profil)

Quelle: Instagram, 2020, https://www.instagram.com/pamgoesnuts/.

Abbildung 22 - Instagram Beiträge 2. Account: Bowl-Gerichte

Quelle: Instagram, 2020, https://www.instagram.com/pamgoesnuts/.

Abbildung 23 - Instagram Beitrag 2. Account: Wissen über Lebensmittel

Quelle: Instagram, 2019, https://www.instagram.com/p/B1wmLvZh9nI/.

Abbildung 24 - Instagram Storie Highlights 2. Account: Getreide & Smoothies

Quelle: Instagram, 2019, https://www.instagram.com/stories/highlights/18029664808106706/.

Abbildung 25 - Kochbuch "You deserve this": Buchcover

Quelle: Reif, 2019, Titelbild.

Abbildung 26 - Kochbuch "You deserve this": Bowl Beschreibung

Quelle: Reif, 2019, S. 12.

Abbildung 27- Kochbuch "You deserve this": Vorwort

Quelle: Reif, 2019, S. 5.

Abbildung 28 - Kochbuch "You deserve this": Bilder der Anfertigung des Kochbuchs

Quelle: Reif, 2019, S. 218f.

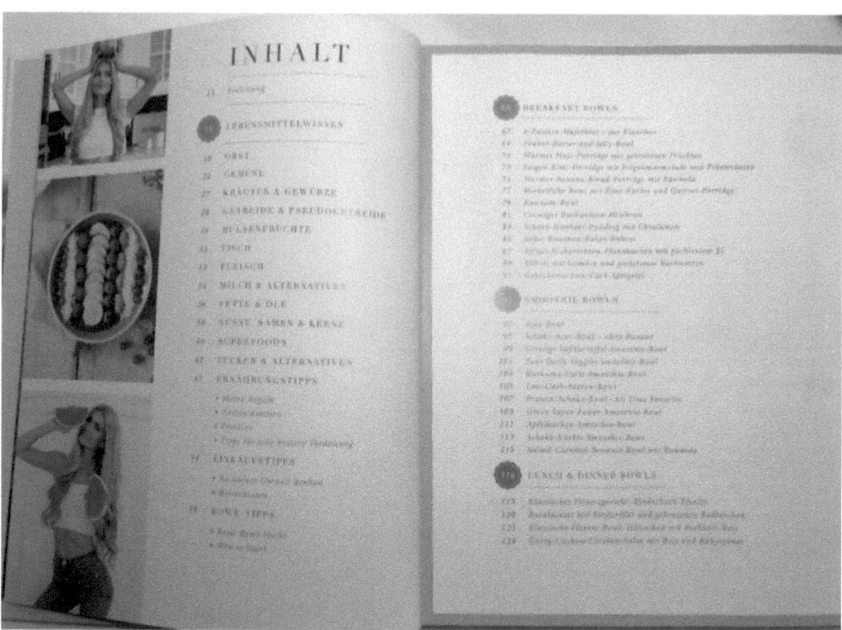

Abbildung 29 - Kochbuch "You deserve this": Inhaltsverzeichnis I

Quelle: Reif, 2019, 6f.

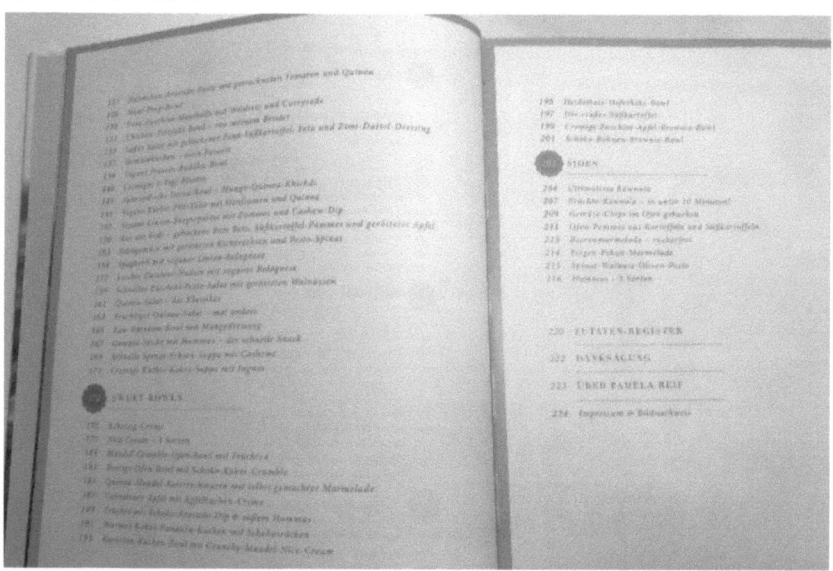

Abbildung 30 - Kochbuch "You deserve this": Inhaltsverzeichnis II

Quelle: Reif, 2019, S. 8f.

Abbildung 31 - Kochbuch "You deserve this": Frühstücks-Bowl mit Notiz

Quelle: Reif, 2019, S. 78f.

Abbildung 32 - Kochbuch "You deserve this": Mittag/Abend-Bowl mit Tipp

Quelle: Reif, 2019, S. 124f.

Abbildung 33 - Kochbuch "You deserve this": Süße Bowl mit Info

Quelle: Reif, 2019, S. 198f.

Abbildung 34 - Instagram Beitrag: Kochbuch in englischer Version

Quelle: Instagram, 2020, https://www.instagram.com/p/B79Mg9nCq7d/.

Abbildung 35 - Instagram Storie Highlights: Pamelas Größe

Quelle: Instagram, 2019, https://www.instagram.com/stories/highlights/17892296209181349/.

BEI GRIN MACHT SICH IHR WISSEN BEZAHLT

- Wir veröffentlichen Ihre Hausarbeit, Bachelor- und Masterarbeit

- Ihr eigenes eBook und Buch - weltweit in allen wichtigen Shops

- Verdienen Sie an jedem Verkauf

Jetzt bei www.GRIN.com hochladen und kostenlos publizieren